Spielerisch Lernen mit Billi Biber für die Schule

Spielerisch Lernen mit Billi Biber für die Schule
(c) 2003 Axel Juncker Verlag GmbH, München
Lizenz von: Dreamotion GmbH, München
Illustrationen: Jan Birck
Satz: Dreamotion GmbH, München
Druck: aprinta Druck GmbH & Co. KG, Wemding
Printed in Germany

Spielerisch Lernen mit Billi Biber für die Schule

Illustrationen von Jan Birck

AXEL JUNCKER VERLAG

Inhalt:

Für alle Spiele findest du auf dem Materialbogen Spielkärtchen. Du musst sie einfach entlang den schwarzen Linien ausschneiden. Viel Spaß!

Rund ums ABC

Du brauchst:

die roten und grünen
Buchstabenplättchen
vom Materialbogen

Die Buchstabensuche

Wer den Spielplatz am Bibersee ganz genau betrachtet, dem fallen die Buchstaben auf, die hier versteckt sind. Billi Biber und seine Freunde begeben sich gleich auf Buchstabensuche. Suchst du auch mit?

▶ Lege deine roten Buchstabenplättchen bereit!

▶ Decke jeden Buchstaben auf dem Spielplatz mit dem passenden Plättchen ab!

Aufregung am Biberbach

Billi und seine Freunde haben am Biberbach ein neues Tier entdeckt. Möchtest du wissen, um welches Tier es sich handelt?

▶ Die Wörter in jedem Kästchen beginnen mit dem gleichen Buchstaben. Lege das passendes Plättchen in das rote Feld!

Der Buchstabenbaum

- Lege bitte deine roten Buchstabenplättchen bereit!
- Schau die Bilder genau an!
- Sprich die Anfangsbuchstaben der Wörter deutlich.
- Decke dann jedes Bild mit dem passenden Buchstabenplättchen ab!
- Nimm die Plättchen jetzt wieder von den Bildern!

- Male im Baum die Anfangsbuchstaben der 18 Wörter rot aus!

Das ABC der Tiere

Bürgermeister Billi Biber will die Namen der Biberbacher Tiere nach dem Alphabet aufschreiben. Die Tiere haben sich auch in der richtigen Reihenfolge aufgestellt. Nur eines steht am falschen Platz. Findest du es?

1 A B G D

2 O P U Q R

3 U V W X T

4 K G L M N

5 F G H I E

6 C D M E F

- Kreuze dieses Tier an und zeige ihm seinen richtigen Platz!
- In jede Reihe hat sich ein Buchstabe eingeschmuggelt, der nicht hineingehört. Streiche durch!

7 PAQRS

8 WXYCZ

9 HCDEF

10 IJKLT

▶ Trage bitte die durchgestrichenen Buchstaben der Reihe nach hier ein!

1	2	3	4	5	6	7	8	9	10

Die Wörter-Drillinge

▶ Welche Buchstaben gehören in die roten Kästchen, damit sinnvolle Wörter entstehen?

D	– ose – rache – onner		– ualle – uark – uelle		– ase – eilchen – ater		– and – iese – etter
	– uto – affe – nfang		– orden – ame – est		– insel – udding – aket		– fen – nkel – range
	– rde – ngel – rdbeere		– itter – ing – iese		– reude – lugzeug – aden		– eute – and – imonade
	– lown – afé – reme		– utter – ilch – ontag		– acke – äger – uli		– ug – ahn – immer
	– üte – eil – ante		– ad – ruder – leistift		– arotte – uh – üche		– arten – locke – ans
	– hu – Bahn – hr		– nsel – ndianer – gel		– emd – aus – immel		– alat – onne – üden

▶ Lege deine roten Buchstabenplättchen in die leeren Kästchen! Du hast alles richtig gemacht, wenn die beiden Buchstabenplättchen übrig geblieben sind, die Billi in den Händen hält.

▶ Lege die Plättchen wieder zur Seite und schreibe die Buchstaben in die roten Kästchen!

Die Buchstabentürme

Mimi hat mit ihren roten Buchstabenplättchen zwei Türme gelegt. Ein Turm besteht aus Selbstlauten, der andere aus Mitlauten. Einige Mitlautplättchen fehlen.

- Lege deine passenden Plättchen in die leeren Felder!

- Lege die Plättchen wieder zur Seite und schreibe die fehlenden Buchstaben in den Mitlautturm.

Buchstabengeschwister

- Trage bitte im Rand alle fehlenden Großbuchstaben ein!
- Verbinde dann jeden Großbuchstaben mit seinem kleinen Bruder!

A B C F G

c e a g

Y

d f b z h

i y x k j J

w

v l m

V

u q s n

o t r p

M

T S Q P

A B C _ _ _ G _ _ _ K _ _ N _ _ _ R S _ _ _ _ _ _ _

- Auf jedem Schild gibt es nur einen großen Buchstaben mit dem dazu passenden kleinen Buchstaben.
- Kreise die beiden bitte mit Buntstift ein!

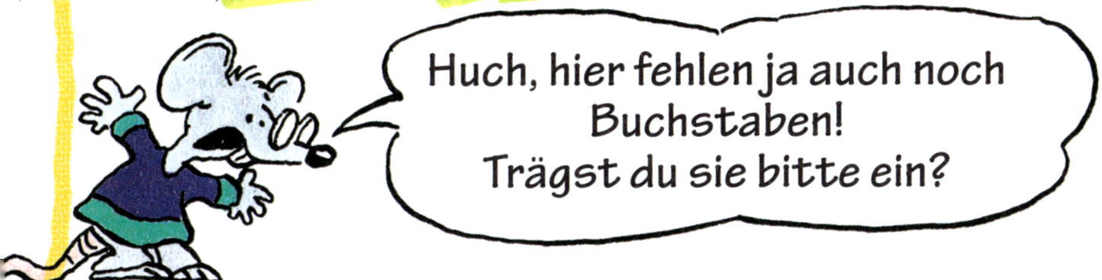

a _ _ d _ f _ _ i _ _ l _ _ o _ q _ s _ u _ _ _ _ _

Wer wird Erster?

▶ Kreise in jedem Kästchen das Tier oder Ding ein, dessen Name nach dem Alphabet zuerst kommt!

Die Überraschung für Mimi Maus

Mimi Maus weiß nicht, wann sie Geburtstag hat. Deshalb feiert sie sicherheitshalber jeden Sonntag ein kleines bisschen. Heute hat ihr Billi eine Überraschung versprochen und Mimi ist schon ganz gespannt.

- Trage bitte die fehlenden Buchstaben ins Rätselgitter ein!

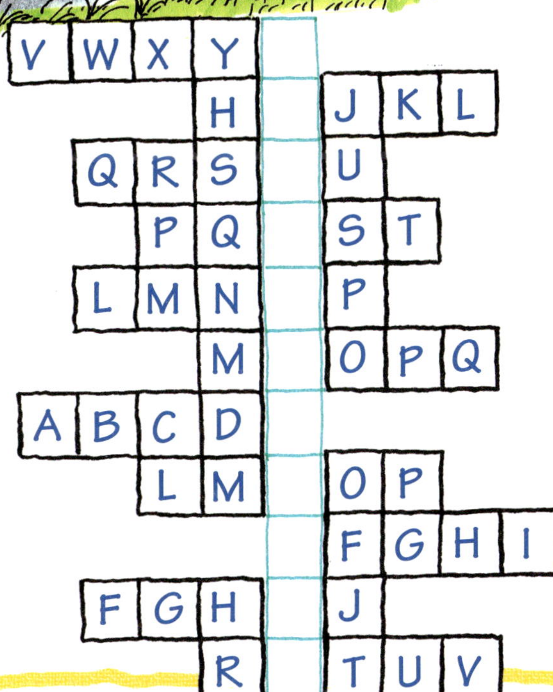

◆ **Zusammenspiel:** Alle grünen Plättchen werden mit der Beschriftung nach unten auf den Tisch gelegt. Der erste Spieler dreht ein beliebiges Plättchen um (z.B. „r“) und nennt ein Wort in dem dieser Buchstabe vorkommt (z.B. „Fede**r**“). Nun darf er das Plättchen an sich nehmen und der nächste Spieler ist an der Reihe. Oder er dreht beliebig viele weitere Plättchen um, muss aber jedes Mal ein Wort nennen in dem alle umgedrehten Buchstaben vorkommen. Gelingt ihm das nicht so sind alle bisher umgedrehten Buchstaben verloren!

Bruno Bärs Buchstabenlotterie

Jedes Tier darf aus Brunos Buchstabenschachtel zwei Lose ziehen. Befinden sich beide Buchstaben im Namen eines Preises, so gewinnt der Glückspilz diesen Gegenstand.

▶ Verbinde bitte jedes Tier mit dem Preis, den es gewonnen hat

- Lege bitte deine grünen Buchstabenplättchen verdeckt auf den Tisch!
- Drehe zwei Plättchen um und lies die Buchstaben! Findest du einen Preis in Brunos Losbude, in dessen Name beide Buchstaben vorkommen?
- Über welchen Preis würdest du dich am meisten freuen?

Anfang und Ende

- Lege bitte alle roten Plättchen mit großen Buchstaben bereit!
- Nenne die Tiere und Dinge bei ihren Namen. Sprich dabei die Anfangsbuchstaben ganz besonders deutlich!
- Decke dann jedes Bild mit dem passenden Buchstabenplättchen ab!

- Lege bitte alle grüne Plättchen mit kleinen Buchstaben bereit!
- Nenne die Tiere und Dinge bei ihren Namen. Sprich dabei den Endbuchstaben ganz besonders deutlich!
- Decke dann jedes Bild mit dem passenden Buchstabenplättchen ab!

Wegversteckt!

- Ein Tier hat aus jedem Kästchen einen Buchstaben weggenommen. Findest du heraus, welche Buchstaben fehlen?
- Lege die entsprechenden Plättchen in die leeren Felder!
- Wenn du alles richtig gemacht hast, dann weißt du jetzt auch, wer die Buchstaben versteckt hat. Kreuze das Kärtchen des Schlawiners an!

Kleiderordnung

Mimi Maus räumt heute ihren Schrank auf – natürlich ganz ordentlich nach dem Alphabet.

- Ergänze bitte die fehlenden Anfangsbuchstaben!
- Welches Kleidungsstück nimmt sie zuerst? Schreibe eine 1 in den Kreis daneben. Welches Kleidungsstück nimmt sie dann?
- Nummeriere alle Kleidungsstücke entsprechend!

- Vergleiche deine Zahlenreihe mit diesen! Welche stimmt mit deiner überein?

☐ 4527613

☐ 4275613

☐ 2654713

Davor – dazwischen – danach

▶ Trage bitte alle fehlenden Buchstaben mit einem roten Stift ein!

DAVOR		DAZWISCHEN			DANACH	
A	B	R	S	T	S	T
	P	G		I	Q	
	F	H		J	R	
	V	G		I	Q	
	U	N		P	M	
	N	T		V	S	
	T	J		L	H	

Der Ausflug

Die Freunde haben sich heute ganz besonders fein gemacht.
Warum, erfährst du, wenn du das Buchstabenrätsel löst.

- Welchen Buchstaben findest du um das leere Kästchen am häufigsten?
- Lege das passende rote Buchstabenplättchen in das leere Feld!

K	V	V
M	1	K
D	K	M

O	T	S
S	2	R
L	W	G

S	N	Z
K	3	Z
S	Z	N

Y	R	B
R	4	P
P	B	R

- Lege die 4 roten Plättchen der Reihe nach hier nebeneinander in die Kästchen!
- Folge den Pfeilen und schiebe die Plättchen an die richtigen Plätze!

1	2	3	4

	I			U	

Die Busfahrt

Die Freunde fahren mit dem Bus zur Zirkuswiese. Der Busfahrer kennt den Weg genau. Es ist ja auch nicht schwierig, den Weg zu finden. Er fährt einfach dem Alphabet entlang.

- Fahre den Weg mit dem Finger nach!
- Zeichne ihn dann mit einem Buntstift ein!

Mimis Buchstabenquiz

▶ Mimi hat in jedes Kästchen nur einen Teil eines Buchstabens gemalt. Erkennst du die Buchstaben trotzdem? Dann lege deine passenden roten Plättchen darauf!

▶ Alles richtig gemacht? Dann sind fünf Buchstaben übrig geblieben. Lege sie nach dem Alphabet geordnet nebeneinander!

▶ Verschiebe sie dann so, wie es die Pfeile zeigen!

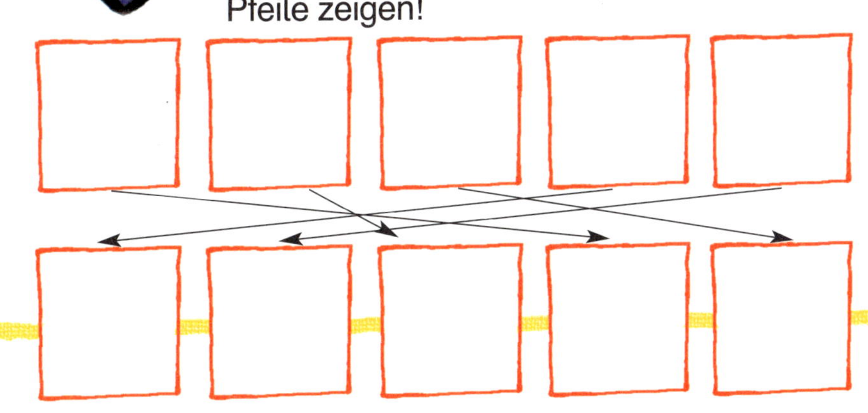

Gemeinsamkeit

- Nenne die Tiere und Dinge bei ihrem Namen! Welchen Buchstaben hörst du in allen vier Wörtern?
- Lege die passenden grünen Buchstabenplättchen in die Felder!

Hasenwettlauf

Die Hasen veranstalten ein Wettrennen. Sie haben sich so aufgestellt, dass ihre Namen in alphabetischer Reihenfolge sind.

- Verbinde jedes Namensschild mit dem passenden Hasen.
- Hase Uli gewinnt das Rennen. Kreise dieses Häschen bitte mit einem roten Stift ein!
- Erkennst du die beiden Zwillingshasen?
  Sie heißen ______________________________
- Schreibe bitte deinen Vornamen hier auf:

  ____
- Ordne die Buchstaben deines Namens nach dem Alphabet!
  Wie heißt du jetzt?

  ____

Bausteinwörter

Billi und Mimi wollen aus den Bausteinen möglichst viele kleine Wörter zusammenbauen. Spielst du auch mit?

- Suche deine passenden Buchstabenplättchen heraus und lege sie auf die Bausteine!

- Bilde jetzt mit den Buchstaben aus dem „BAUSTEIN“ so viele neue Wörter wie möglich!

- Verschiebe dazu deine Plättchen auf dem Tisch!

 ____________  ____________

 ____________  ____________  ____________

●●● ____________ ●●●● ____________ ●●●●● ____________

●●● ____________ ●●●●● ____________ ●●● ____________

◆ **Zusammenspiel:** Alle roten Buchstabenplättchen liegen durcheinander auf dem Tisch. Das Kind soll nun auf jeden Großbuchstaben das Plättchen mit dem passenden Kleinbuchstaben legen. Danach wird der „Spieß“ umgedreht und die Großbuchstaben werden auf die kleinen Buchstaben gelegt.

Das Wörtersuchspiel

Billi zieht mit geschlossenen Augen von jedem Buchstabenhäufchen ein Plättchen. Der rote Buchstabe soll der Anfangsbuchstabe des Wortes sein. Der grüne Buchstabe soll am Ende oder in der Mitte des Wortes stehen.

▶ Überlege dir weitere Wörter, in die du Billi Bibers Kärtchen passen. Schreibe sie auf die Zeile.

B e   K n   S t

___________ ___________ ___________

___________ ___________ ___________

___________ ___________ ___________

▶ Hast du Lust mit deinen Buchstabenplättchen weiterzuspielen? Ziehe von jeder Plättchensorte einen Buchstaben! Wenn du ein passendes Wort findest, dann lege beide Plättchen zur Seite. Findest du kein passendes Wort, dann mischst du die Plättchen wieder unter die anderen.
Achtung: Sortiere vor dem Spiel die seltenen Buchstaben (J, Q, X, Y) aus!

Billis Lexikon

Billi hat ein Lexikon, das aus vier Bänden besteht. Will Billi zum Beispiel etwas über Flugzeuge wissen, schaut er im ersten Band A-F nach, weil dort die Wörter stehen, die mit A, B, C, D, E oder F beginnen.

▶ Schreibe bitte die Band-Nummern auf die Bücher, in denen die Freunde gerade lesen!

◆ **Zusammenspiel:** Alle Buchstaben liegen mit der roten Seite nach unten auf dem Tisch. Der Spielführer dreht ein beliebiges Plättchen um und nennt den Buchstaben, z. B. „L". Der Mitspieler der jetzt zuerst den Buchstaben nennt, der im Alphabet vor dem „L" kommt, also „K", darf das Plättchen an sich nehmen. Wer am Schluss die meisten Plättchen besitzt, gewinnt.

Billi hat so viele Fragen! Hilfst du ihm, den richtigen Band zu finden?

- Lies alle Fragen genau!
- Unterstreiche das jeweilige Stichwort!
- Schreibe die passenden Nummern der Lexikonbände in die leeren Kreise!

Wer hat das Telefon erfunden? 4
Band Nr.

Wo leben die Eskimos?
Band Nr.

Was ist ein Vulkan?
Band Nr.

Wie heisst die Hauptstadt von Finnland?
Band Nr.

Wie viele Beine hat die Spinne?
Band Nr.

Woraus wird Benzin hergestellt?
Band Nr.

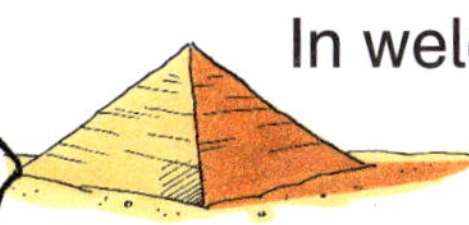

In welchem Land stehen die Pyramiden?
Band Nr.

Wie heisst die Hauptstadt von Island?
Band Nr.

Was ist ein Vampir?
Band Nr.

Was ist ein Geysir?
Band Nr.

Wann lebten die Dinosaurier?
Band Nr.

Wer war Wolfgang Amadeus Mozart?
Band Nr.

Wo leben die Kängurus?
Band Nr.

Wie alt kann eine Schildkröte werden?
Band Nr.

In welchem Land fliesst der Mississippi?
Band Nr.

Ein Ausflug in die Stadt

Billi geht mit seinen Freunden in die Stadt.

▶ Welche Ausschnitte stammen aus dem großen Bild?
Kreuze bitte an!

▶ Trage die Erkennungsbuchstaben der angekreuzten Bilder in die leeren Kästchen unten ein und du weisst, wie die Stadt heißt, in der Billi und seine Freunde einkaufen:

Erstes Lesen

Du brauchst:

die Lesekärtchen
vom Materialbogen

Treffpunkt bei Billi Biber

Am Nachmittag treffen sich die Tiere bei Billi am See.

▶ Erzähl doch mal, was du alles auf dem Bild siehst!

Hole deine Lesekärtchen heraus und lege so viele wie möglich auf die passenden Tiere und Dinge im Bild!

Lesen und verstehen

▶ Lies die Fragen genau!

Wo ist Billi Biber? Kreuze ihn an!

Unterstreiche das Auto!

Kreise die größte Zahl ein!

5 3 9

Male den Kreis unter dem Apfel rot aus!

Male den Clown bunt an!

Verbinde gleiche Buchstaben!

Schreibe ein X unter das kleinste Haus!

Trage die fehlenden Zahlen in die Zwischenräume ein!

1 2 _ 4 _ _ 7

Farben lesen

Da hat sich Billi Biber aber ein schwieriges Spiel ausgedacht!
Kannst du die Wörter alle richtig lesen?

gelb grün braun
schwarz blau orange
rot rosa grün rot
braun schwarz rosa
grün orange blau gelb blau grün
orange rot schwarz rosa gelb
schwarz grün orange rot rosa
braun blau rot blau grün blau
gelb rot braun rot rosa rosa
orange grün rosa gelb grün braun
schwarz blau gelb orange schwarz

- Nur einmal hat Billi ein Wort auch in der richtigen Farbe geschrieben. Kreise es bitte ein!

- Suche jetzt die Lesekärtchen mit Farben heraus und lege sie unter die gleichfarbigen Autos! Eine Farbe bleibt übrig.

Blitzwörter

▶ Male die Felder gelb aus, zu denen du ein Lesekärtchen besitzt!

◆ **Zusammenspiel:** Die Lesekärtchen werden kreuz und quer auf dem Hals einer Flasche gestapelt. Ein Spieler versucht so viele Kärtchen wie möglich einzeln von der Flasche zu pusten. Das jeweilige Wort wird laut vorgelesen und das Kärtchen von diesem Spieler behalten. Erst wenn ein Spieler zwei oder mehrere Kärtchen gleichzeitig von der Flasche pustet, werden diese wieder auf den Flaschenhals zurückgelegt und der Partner ist an der Reihe. Es gewinnt, wer am Ende die meisten Kärtchen hat.

Bilder ergänzen

▶ Diese Bilder sind noch nicht fertig. Lies die Sätze und male dazu was fehlt!

Billi und Mimi bauen einen Schneemann.

Auf der Geburtstagstorte brennen drei Kerzen.

Am Apfelbaum lehnt eine Leiter.

Hase Rudi gießt sein Karottenbeet.

Billi angelt auf dem See.

Igel und Hase fahren im Auto zur Stadt.

Billi Biber will verreisen

- Kontrolliere bitte, ob Billi auch wirklich alle Dinge eingepackt hat, die er auf dem Zettel notiert hat.

- Fünf Wörter, die auf Billis Liste stehen, findest du auch auf deinen Lesekärtchen. Suche diese Lesekärtchen heraus!
- Lies die Wörter nacheinander. Drehe die Kärtchen um und trage die Wörter nacheinander in die Kästchen ein.
- Drehe die Lesekärtchen wieder um und kontrolliere genau!

- Ein Ding fehlt noch in Billis Koffer. Malst du es bitte in dieses Kästchen?

▶ Wen Billi besucht, das bekommst du bestimmt schnell heraus.
Male alle Kreise aus, in denen ein Wort steht, das du auch auf deinen Lesekärtchen findest.
Vergleiche genau!

In Wort und Bild

In jedem Kästchen gibt es nur ein Wort mit einem passenden Bild dazu.

- Unterstreiche das Wort und kreise das Bild ein!
- Suche dein passendes Lesekärtchen und lege es ins freie Feld!

Wo sind die Tiere?

Die Tiere toben durch Billis Haus!

▶ Kreuze bitte an, wo die Tiere sind!

auf ☐
unter ☐
im ☐
neben ☐
hinter ☐

auf ☐
unter ☐
im ☐
neben ☐
hinter ☐

auf ☐
unter ☐
im ☐
neben ☐
hinter ☐

auf ☐
unter ☐
im ☐
neben ☐
hinter ☐

auf ☐
unter ☐
im ☐
neben ☐
hinter ☐

auf ☐
unter ☐
im ☐
neben ☐
hinter ☐

auf ☐
unter ☐
im ☐
neben ☐
hinter ☐

auf ☐
unter ☐
im ☐
neben ☐
hinter ☐

auf ☐
unter ☐
im ☐
neben ☐
hinter ☐

Das Zauberbild

▶ Suche alle Lesekärtchen heraus, auf denen Wörter mit drei Buchstaben stehen. Lege diese Kärtchen auf die passenden Bilder.

▶ Suche jetzt die acht Wörter im Zauberbild und male die entsprechenden Felder mit einem Buntstift aus.

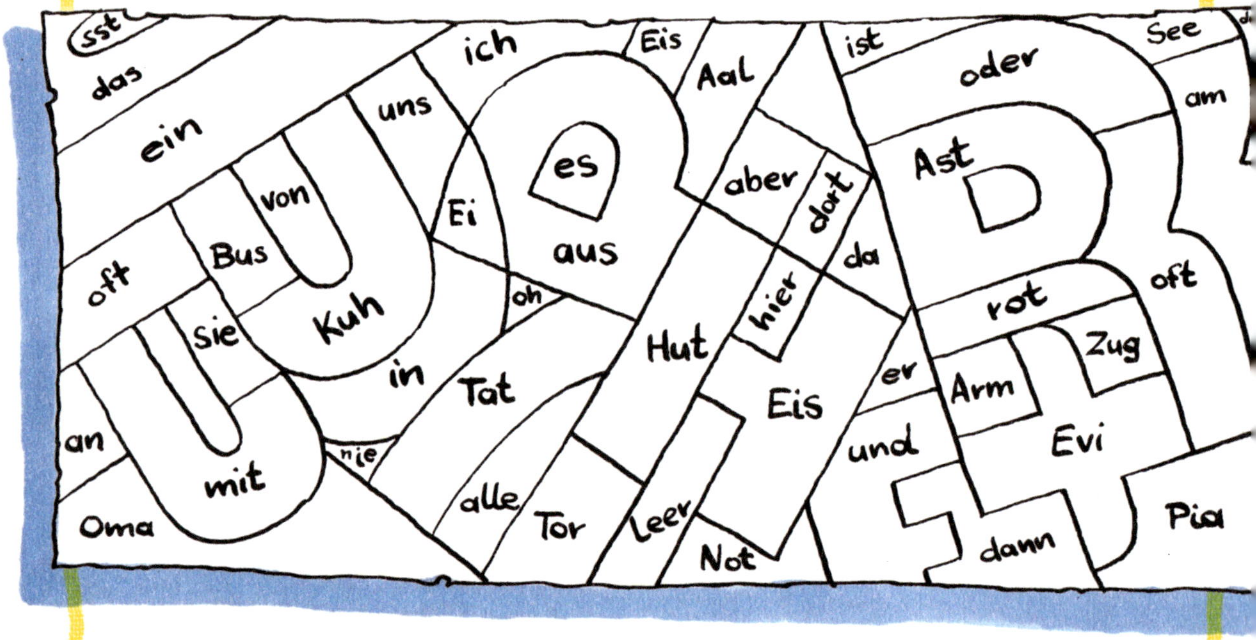

▶ Lies die drei Buchstaben zusammen und kreuze bitte das passende Bild an!

Die Wörtermauer

▶ Oh, schau nur, was Billi gemacht hat! Er hat die Wörter rückwärts geschrieben! Kannst du sie trotzdem noch lesen? Lege bitte deine passenden Lesekärtchen in die leeren Felder!

Die Buchstabenstifte

▶ Streiche bitte in jedem Stift den Buchstaben durch, der am Anfang steht.

▶ Lies dann die restlichen Buchstaben und füge das Wort zusammen. Lege das passende Lesekärtchen ins freie Feld.

◆ **Zusammenspiel:** Alle Lesekärtchen werden nach der Wortlänge sortiert. Also alle Wörter mit drei Buchstaben, alle Wörter mit vier Buchstaben usw. Ein anderes Mal können die Kärtchen nach Anzahl der Silben sortiert werden.

Wörterzauberei

In dem Buchstabenrad sind Wörter versteckt. Du findest sie, wenn du jeden vierten Buchstaben in die leeren Kästchen einträgst!

B	i			

- Hast du alle 5 Wörter gefunden? Dann hole bitte die passenden Lesekarten aus deinem Mäppchen!
- Lege die Kärtchen mit der beschrifteten Seite nach unten auf den Tisch!
- Drehe nacheinander jedes Kärtchen um. Lies das Wort, schließe die Augen und schreibe es mit dem Finger in die Luft!

Ich seh etwas, was du nicht siehst ...

- Lies bitte zuerst was in den Kästchen steht!
- Suche deine passenden Lesekärtchen dazu und lege sie in die Kästen!

Es ist lebendig und grün.

Es ist rot und hat vier Räder.

Es ist aus Holz und man kann darauf sitzen.

Es ist rund und bunt und man kann damit spielen.

Man setzt es sich auf die Nase, wenn man schlecht sieht.

▶ Verbinde dann die 12 Lesekärtchen mit den passenden Tieren oder Dingen im grossen Bild!

Ein Teil vom Baum mit Blättern daran.

Es ist blau, hat einen gelben Schnabel und kann fliegen.

Es ist rot, wächst am Baum und kann gegessen werden.

Es ist sehr groß, gelb und gibt Licht und Wärme.

Dadurch kommt Licht ins Haus.

Es ist lebendig und stachelig.

Die Maus trägt es auf dem Kopf.

Das Buchstabengitter

- Suche alle 8 Lesekärtchen heraus, auf denen Wörter mit 5 Buchstaben geschrieben sind!
- Lege diese Kärtchen auf die passenden Bilder!

- Suche die Wörter jetzt im Buchstabengitter und kreise ein!

- Wenn du die übrigen Buchstaben der Reihe nach in die Kästchen einträgst, entstehen vier neue Wörter.
- Malst du zu jedem Wort das passende Bild darunter?

Wörterquatsch

▶ In jeder Reihe stimmen nur bei einem Kärtchen das Bild und das Wort überein. Kreuze diese Kärtchen an!

Buchstabensalat

▶ Welche Wörter sind gemeint? Wenn du ein Wort erraten hast, dann decke das Feld mit dem passenden Lesekärtchen ab!

◆ **Zusammenspiel:** Ein Spieler zieht ein Lesekärtchen und liest leise für sich das Wort. Dann gibt er dem Spielpartner verschiedene Angaben, zum Beispiel: Das Wort beginnt mit S. Das Wort hat 5 Buchstaben. Ein Buchstabe kommt doppelt vor usw. Sobald der Partner das richtige Wort – hier „Sonne“ – nennt, werden die Rollen getauscht.

Mimis Geburtstag

Mimi Maus hat Geburtstag. Natürlich hat sie alle Freunde eingeladen: Billi Biber, den Hasen, den Igel, den Vogel und den Frosch. Weil aber die Freunde nicht ins Mauseloch passen, hat Mimi den Tisch unter dem Apfelbaum gedeckt. Jetzt essen die Freunde Kuchen und trinken Cola.

▶ Kreuze bitte alle Tiere und Dinge an, die im Text vorkommen!

▶ Welches Bild passt zum Text? Male den Rahmen bitte rot an!

Wörter rahmen

- Suche zu jedem Bild das passende Lesekärtchen und lege es daneben in das freie Feld!
- Verbinde dann bitte jedes Lesekärtchen mit der passenden Wortform!
- Trage die Wörter in die Rahmen ein!

Billi geht spazieren

Bei diesem schönen Wetter will Billi einen Spaziergang machen.
Zuerst geht er zum Spielplatz und schaut den Hasenkindern zu.
Dann geht Billi am Wald entlang zum Kiosk und kauft sich ein Eis.
Danach wandert er einmal um die Kuhweide und ruht sich auf der Bank beim alten Apfelbaum aus.
Auf dem Heimweg schaut er noch bei Rosa Schwein vorbei, bevor er wieder zu Hause ist.

- Lies den Text laut vor!
- Zeichne bitte Billis Spazierweg in die Karte ein!

Das „Drei-Wörter-Rätsel“

Unter jedem Bild kannst du drei Wörter lesen.
Aber nur ein Wort passt zum Bild. Kreise es bitte ein!

Die Karottenernte

► Beantworte bitte die Fragen!
Kreuze das passende Bibergesicht neben der Frage an!

	ja	nein
Scheint die Sonne?	☐	☐
Ist Billi auf dem Wagen?	☐	☐
Isst der Igel einen Apfel?	☐	☐
Hilft die Maus bei der Ernte?	☐	☐

	ja	nein
Ernten die Tiere Salat?	☐	☐
Fährt Charly Frosch Fahrrad?	☐	☐
Ist der Traktor von Rudi Hase rot?	☐	☐

Reimwörter

Was reimt sich auf Vase? Natürlich, Hase!

▶ Lege deine Lesekärtchen auf die passenden Reimwörter!

Kontrolliere, ob du alles richtig gemacht hast. Die Lösung steht im Kasten.

Vase – Hase; Rose –
Hose, Schrank – Bank;
Fest – Nest, Pfütze –
Mütze, Tonne – Sonne,
Kuss – Bus, Maus – Haus,
Schaum – Baum, Grille –
Brille, Truhe – Schuhe,
Gespenster – Fenster

Warme Kleidung

Draußen hat es geschneit. Billi Biber möchte einen Schneemann bauen. Kreise bitte mit deinem roten Stift ein, was Billi anziehen soll (acht Wörter)!

Anorak

Sandalen

Strumpfhose

Stiefel

Taucherbrille

Handschuhe

Strohhut

Mütze

Unterhemd

Schal

Pullover

Krawatte

- Suche aus deinen Lesekärtchen die fünf heraus, auf denen Namen von Kleidungsstücken stehen!
- Lies die Wörter genau!
- Schließe die Augen und schreibe die Wörter mit dem Finger in die Luft.
- Lies die Wörter noch einmal!

Lese-Bingo

- Lege alle Lesekärtchen mit der Schrift nach unten auf den Tisch!
- Drehe dann ein Kärtchen nach dem anderen um.
  Kontrolliere ob das passende Bild im Bingo-Feld zu sehen ist.

  Wenn du es findest, dann streiche dieses Feld durch!
  Lege die benützten Lesekärtchen zur Seite!

- Wie viele Kärtchen musstest du umdrehen, um vier Bilder in einer Reihe (waagrecht, senkrecht oder diagonal) durchstreichen zu können?
- Spiele weiter! Wie viele Kärtchen musst du umdrehen, um alle 16 Felder durchstreichen zu können?

Quatschsätze

▶ Zu jedem Bild passt nur ein Satz. Kreise die richtigen Satzteile ein!

Der Hund		auf der Bank
	schläft	
Der Igel		unter dem Baum

Billi Biber		im Auto
	fährt	
Die Ente		im Zug

Tante Berta		Tennis
	spielt	
Das Schwein		im Schlamm

Der Frosch		aus dem Fenster
	schaut	
Der Vogel		ins Nest

Die Kuh		eine Blume
Die Maus	isst	ein Eis
Billi Biber		eine Birne

Rechnen bis 20

Du brauchst:

die Dominoplättchen
vom Materialbogen
und zwei Würfel

2	1	→	1	9	→		

Domino

▶ Lege deine Dominoplättchen so auf die Randfelder, dass immer 2 gleiche Zahlen aneinanderstoßen!

1	7	→			→		

Jedes Tier zeigt dir ein Dominokärtchen mit Punkten.

- Zähle die Punkte auf beiden Feldern!
- Suche dein passendes Dominokärtchen heraus, dass die entsprechenden beiden Zahlen zeigt.
- Lege deine Dominokärtchen auf die passenden Kärtchen der Tiere!

Das Zauberbild

▶ Suche bitte alle 8 Dominokärtchen heraus, auf denen eine 3 steht und staple die Kärtchen ins rote Feld!

▶ Zähle jeweils die beiden Zahlen auf den Kärtchen zusammen und trage die Ergebnisse in die Kästchen ein!

▶ Male die 8 Felder, in denen du eine Ergebniszahl entdeckst, gelb aus!

▶ Fertig? Dann drehe das Heft um! Na, was siehst du?

Plus oder minus?

- Schau dir jedes Bild in Ruhe an und überlege, was auf den Bild gerade passiert!
- Entscheide dann, wie du rechnen musst: + oder −?
- Kreuze bitte die richtigen Rechenzeichen an!

Einer hat gewonnen

Billi, Mimi und Rosa sind auf den Steinhaufen geklettert. Dazu mussten sie immer 2 nebeneinander stehende Zahlen zusammenzählen und das Ergebnis in den Stein darüber eintragen. Oben angelangt, hat aber jeder ein anderes Ergebnis.

▶ Kannst du nachrechnen und herausfinden, wer hier gewonnen hat? Kreuze den Sieger an!

Das Labyrinth

- Zähle bitte die beiden Zahlen in jedem blauen Dominokärtchen zusammen.
- Spure dann den Weg zum roten Partnerkästchen nach!
- Lege hier ein Dominokärtchen hinein, das das gleiche Ergebnis hat.
Achtung: Manchmal gibt es mehrere Lösungen!

- Lege jetzt deine Dominokärtchen wieder zur Seite und trage die Zahlen in die roten Dominofelder ein!
- Kontrolliere noch einmal genau, ob alles richtig ist!

Biberbacher Schwimmrekord

Die drei Freunde wollen wissen, wer von ihnen der beste Langzeitschwimmer ist und veranstalten einen Wettbewerb.

Es gewinnt, wer an allen drei Wettkampftagen zusammen die längste Zeit geschwommen ist.

Tipp: Trage die Zahlen mit Bleistift ein! So kannst du die Zahlen ausradieren und den Wettkampf mehrmals durchführen.

1. Tag	☐ Stunden	☐ Stunden	☐ Stunden
2. Tag	☐ Stunden	☐ Stunden	☐ Stunden
3. Tag	☐ Stunden	☐ Stunden	☐ Stunden
Gesamtzeit an allen 3 Tagen	☐ Stunden	☐ Stunden	☐ Stunden

- Würfle 3-mal für Billi und trage die Zahlen in die roten Kästchen ein!
- Würfle 3-mal für Emmi und trage die Zahlen in die blauen Kästchen ein!
- Würfle 3-mal für Charly und trage die Zahlen in die gelben Kästchen ein!

▶ Rechne aus, wie viele Stunden jeder Wettkämpfer insgesamt geschwommen ist.

Trage die Ergebnisse in die Tabelle auf der linken Seite ein!

▶ Welches Tier gewinnt den Wettbewerb?
Verbinde bitte die 3 Schwimmer mit ihren Plätzen auf dem Siegerpodest!

Hinweis: Es kann vorkommen, dass 2 oder gar alle 3 Tiere die gleiche Zeit geschwommen sind. Dann führe den Wettkampf nochmals durch.

Größer und kleiner

größer als >

kleiner als <

Vergleiche jeweils die beiden Tiere oder Dinge und setze das richtige Zeichen > oder < dazwischen!

▶ Setze die passenden Zeichen ein!

8 ○ 5 | 9 ○ 15 | 13 ○ 14

3 + 2	<	1 + 6	4 + 6	○	8 + 1
4 + 3	○	6 + 3	10 + 2	○	10 + 5
11 + 6	○	12 + 3	9 + 4	○	11 + 8
8 + 7	○	7 + 6	5 + 8	○	6 + 6

◆ **Zusammmenspiel:** Ein Spieler würfelt z. B. eine 5. Der Spielpartner muss nun raten, ob die nächste Zahl kleiner oder größer sein wird als 5. Hat er richtig geraten, bekommt er die gewürfelte Augenzahl (z.B. eine 3) als Pluspunkte angerechnet.. Ist die Vermutung falsch und der Spieler wirft z. B. eine 6, so geht der Rater leer aus. Abwechselnd wird weitergespielt, bis einer 20 Pluspunkte erreicht hat und damit das Spiel gewinnt.

Das Domino-Duell

- Mische die Dominokärtchen und staple jeweils 12 Kärtchen in Billis Feld und 12 Kärtchen in Mimis Feld!
- Drehe jetzt Billis oberstes Kärtchen und Mimis oberstes Kärtchen um!
- Zähle die Zahlen auf jedem Dominokärtchen zusammen!
- Vergleiche die Ergebnisse und lege dann beide Kärtchen entweder in Billis oder in Mimis Feld ab – je nachdem, wer das höhere Ergebnis hat.

- Sind die Ergebnisse zufällig gleich, dann bekommt Charly die Kärtchen.
- Zähle am Ende nach, wer die meisten Kärtchen ergattert hat! Wer hat gewonnen? Kreise den Sieger ein!

Die Suppenwürfel

Die Tiere kochen sich eine feine Suppe. Charly Frosch hat schon solchen Hunger! Aber auch er muss warten, bis alle Suppenwürfel aufgelöst sind.

- Staple alle Dominokärtchen mit der Zahlenseite nach unten in das blaue Kästchen!
- Drehe nun die oberste Karte um und zähle die beiden Zahlen zusammen!
- Kannst du die Ergebniszahl auf einem Suppenwürfel lesen? Dann streiche den Würfel mit Bleistift durch!
- Lege alle Dominokärtchen, die an der Reihe waren, zur Seite!

- Wie viele Aufgaben hast du gerechnet, bis alle Suppenwürfel aufgelöst waren? Zähle die Dominokärtchen und kreise die Zahl mit einen Bleistift ein!

  8 9 10 11 12 13 14 15 16 17 18 19 20 21 22 23 24
- Mische die Kärtchen, staple sie wieder aufeinander und spiele gleich noch einmal! Radiere davor die Bleistiftstriche aus.

Wir rechnen „minus“

- Decke bitte jedes Mengenkärtchen mit einem passenden Dominokärtchen ab!
- Schreibe die Zahlen in die leeren Felder darunter und rechne!
- Verbinde dann jede Rechenaufgabe mit der passenden Ergebniszahl!

▶ Suche alle Dominokärtchen heraus, auf denen die linke Zahl größer ist als die rechte. Zum Beispiel: | 5 | 2 |

▶ Staple diese 13 Kärtchen im roten Feld auf!

▶ Ziehe die Zahlen voneinander ab!

▶ Lege die Kärtchen nun so in die blauen Felder, dass das Ergebnis stimmt.

9 − 3 = 6

_ − _ = 2	_ − _ = 1	_ − _ = 4
_ − _ = 6	_ − _ = 2	_ − _ = 1
_ − _ = 5	_ − _ = 8	_ − _ = 2
_ − _ = 1	_ − _ = 5	_ − _ = 1

▶ Lege deine Kärtchen wieder zur Seite und trage die Zahlen in die blauen Felder ein!

Der Würfelkasper-Wettbewerb

Bei diesem Würfelwettbewerb tritt Billi Biber gegen Mimi Maus an.

- Würfle zuerst für Billi mit 2 Würfeln gleichzeitig!
- Zähle die Punkte zusammen oder ziehe sie voneinander ab. Dabei soll eine Zahl auf Billi Bibers Kleidung herauskommen. Wenn du zum Beispiel 5 + 6 würfelst, rechnest du entweder 5 + 6 = 11 oder 6 - 5 = 1. Streiche die passende Ergebniszahl auf Billis Kleidung durch!
- Würfle dann für Mimi in der gleichen Weise!
- Es gewinnt der Würfelkasper, dessen Zahlen zuerst alle durchgestrichen sind!

▶ Achtung! Es kann vorkommen, dass es keine passende Zahl auf der Kleidung gibt, die du durchstreichen könntest. Dann geht dieser Würfelkasper leer aus und du würfelst wieder für den anderen.

Tipp: Wenn du die Zahlen mit einem Bleistifft durchstreichst, kannst du sie nach dem Wettbewerb wieder ausradieren und gleich noch einmal spielen! Natürlich kann man den Wettbewerb auch prima zu zweit durchführen!

◆ **Zusammenspiel:** Ein Spieler würfelt und zählt alle gefallenen Würfelaugen zusammen, bis er eine 1 würfelt. Jetzt werden ihm die bisher gewürfelten Punkte gutgeschrieben und der nächste Spieler ist an der Reihe. Es gewinnt derjenige, der zuerst 50 Punkte erreicht.

Die Riesenzahlen

▶ In jeder Riesenzahl steckt eine Rechenaufgabe, deren Ergebnis nicht zu den Ergebniszahlen der anderen passt. Streiche diese Aufgaben durch!

Hilfe für Mimi Maus

Mimi Maus soll die Dominokärtchen so an die Tafel heften, dass die Rechnungen stimmen. Hilfst du ihr?

▶ Lege deine Dominokärtchen so auf die Tafel, dass richtige Ergebnisse herauskommen. Achte auf die Rechenzeichen "+" und "-".

▶ Lege jetzt deine Kärtchen wieder zur Seite und schreibe die passenden Zahlen in die Felder an der Tafel!

Gerade Zahlen – ungerade Zahlen

Heute ist am Biberbach ein Menge los. Charly Frosch hat Geburtstag und alle Freunde feiern mit. Gleich findet die Zahlenlotterie statt.

- Lies aber zuerst, was in den beiden Luftballons steht!
- Lege dir zwei Würfel bereit!
- Würfle jetzt für jedes Tier einmal mit beiden Würfeln!
- Zähle die Zahlen zusammen und schreibe das Ergebnis auf das Los, das das Tier in der Hand hält!
- Kreise dann bei jedem Tier entweder das Bonbon oder den Keks ein, je nachdem ob eine gerade oder ungerade Zahl auf dem Los steht.

- Ergänze bitte die Zahlen auf den Wimpelgirlanden!
- Lege nun deine Dominokärtchen bereit!
- Rechne die beiden Zahlen auf jedem Kärtchen zusammen und lege es dann im passenden Feld ab!

- Zähle am Schluss die Kärtchen von jedem Stapel! Es sollten jeweils 12 Stück sein.

Gerade Ergebniszahlen

Ungerade Ergebniszahlen

◆ **Zusammenspiel:** Zwei Spieler legen fest, wer von ihnen die geraden Zahlen „sammelt" und wer die ungeraden. Dann sagen beide „Achtung fertig, los" und jeder streckt bei „los" beliebig viele Finger nach vorn, z.B. Spieler A vier und Spieler B sechs Finger. Die Finger werden zusammengezählt. Ist das Ergebnis eine gerade Zahl, bekommt derjenige einen Punkt, der die gerade Zahlen sammelt.

Die Würfeltürme

Billi, Mimi und Charly Frosch sitzen auf Würfeltürmen. Wenn man die Punkte auf allen Würfeln eines Turmes zusammenzählt, soll genau 20 herauskommen. Welche Punkte fehlen in den grünen Würfeln?

Die Punkte in den 3 grünen Würfeln ergeben zusammengezählt 13. Der vierte Turm ist für dich bestimmt.

- Male ein Bild von dir auf den Turm!
- Wie könnten die Punkte in deinen Würfeln verteilt sein, dass auch deine Würfel genau 20 ergeben? Zeichne die Punkte ein!

Die Fleißaufgabe

Billi war wirklich sehr fleißig. Er hat ein ganz langes Blatt mit Rechenaufgaben voll geschrieben. Die Aufgaben sind auch alle richtig gerechnet aber die Rechenzeichen fehlen!

▶ Trägst du bitte die fehlenden Rechenzeichen ein?

◆ **Zusammenspiel:** Ein Spieler würfelt gleichzeitig mit drei Würfeln und verbindet die Würfelpunkte zu einer Plus- und Minus-Rechenaufgabe. Er nennt aber nur das Endergebnis.
Zum Beispiel: Der Spieler würfelt 1, 5, und 3, rechnet im Geheimen 1 + 5 - 3 und nennt „3“ als Ergebnis. Der Spielpartner muss nun herausfinden, wie der andere Spieler hier gerechnet hat.

Rudis Obst- und Gemüsestand

Rudi Hase betreibt am Biberbach einen kleinen Verkaufsstand für Obst und Gemüse. Heute hat er schon eine Menge verkauft, denn die Kisten waren am Morgen alle voll.

In jeder Kiste waren anfangs genau 20 Stück der jeweiligen Obst- und Gemüsesorte.

- Zähle nach, wie viel jeweils noch übrig ist!
- Rechne aus, wie viel Stück Rudi schon verkauft hat!

▶ Von welcher Sorte hat Rudi heute am meisten verkauft?
Kreise ein!

▶ Von welcher Sorte hat Rudi heute am wenigsten verkauft?
Kreise ein!

Übung für Obstverkäufer und gescheite Kinder:

20 - 17 = 3	20 - 14 = □	3 + 4 + □ = 20
20 - □ = 8	20 - 15 = □	8 + 8 + □ = 20
20 - □ = 1	20 - 11 = □	9 + 6 + □ = 20
20 - □ = 17	20 - 2 = □	13 + 7 + □ = 20

Biberbacher Zahlenrätsel

- Lege zuerst die passende 8 Dominoplättchen auf die roten Lösungs-Dominos!
- Jeder Frosch stellt dir ein Zahlenrätsel. Überlege ganz genau! Suche dann das passende Lösungs-Dominokärtchen und lege es zum Rätselfrosch!

Wenn du alles richtig gemacht hast, sind jetzt alle 8 Dominokärtchen an die Frösche verteilt.

▶ Nimm nun deine Dominokärtchen wieder weg und schreibe dafür die passenden Zahlen in die Froschkärtchen!

Englisch für Einsteiger

Du brauchst:

die Wort- und Bildkärtchen
vom Materialbogen

Billis Freunde

- Lies genau, was die Tiere sagen!
- Lege in die leeren Kästchen unter den Tieren die passenden grünen Wortkärtchen.
- Deute nacheinander auf jedes Tier und sprich dazu, zum Beispiel:
  "This is Charly, the frog.
  This is ..."

- Lege jetzt die 6 Wortkärtchen wieder beiseite und trage die Tierbezeichnungen (cat, frog, ...) in die grünen Kästchen ein!

Wörterquiz

- Suche zu jedem Bild das passende grüne Wortkärtchen heraus und lege es darauf!
- Lies die Wörter laut vor!
- Lege die Wortkärtchen wieder beiseite.
- Suche zu jedem Satz das passende Bild und trage den Erkennungsbuchstaben hinter dem Satz ein!

It's a plane. ◯
It's a coat. ◯
It's a boat. ◯
It's a bike. ◯
It's a car. ◯
It's a hat. ◯

It's a bed. ◯
It's a fork. ◯
It's a shirt. ◯
It's a rabbit. ◯
t's a knife. ◯
It's a cup. ◯

Zauberwörter

- Lege bitte deine roten Bildkärtchen bereit!
- Jedes Tier zeigt dir einen Buchstaben. Streiche diesen Buchstaben in der Leiste daneben so oft durch, wie du ihn findest! Übrig bleibt ein Wort, zu dem du das passende Bildkärtchen besitzt.
- Lege die Bildkärtchen in die passenden roten Kästchen!

~~b~~s~~bbhbb~~i~~b~~r~~b~~t~~b~~

mcmhmmamimrm

sfffpffofoffnf

cwcicnccdoccwc

dfddlddodwderd

hthhahhbhhlheh

addpdpdldeddd

Lesepuzzle

- Trage bitte die sieben Lösungswörter in die grünen Kästchen ein!
- Lies die Sätze!

This is a

shirt

Was kannst du sehen?

Für dieses Spiel brauchst du einen Spielpartner.

- Lege alle grünen Wortkärtchen verdeckt auf den Tisch!
- Drehe ein beliebiges Kärtchen um, (zum Beispiel ”tree“), und frage deinen Partner, ob er im Bild einen Baum sehen kann. ”Can you see a tree?“
- Der Spielpartner sucht das Tier oder den Gegenstand im Bild und antwortet je nachdem entweder ”Yes, I can“ oder ”No, I can't.“
- Wird die Frage mit ”Yes, I can“ beantwortet, erhält dein Partner das Kärtchen und du stellst ihm gleich die nächste Frage.
- Heißt die Antwort aber ”No, I can't.“ wird dieses Kärtchen aus dem Spiel genommen und die beiden Spieler tauschen ihre Rollen.
- Das Spiel ist zu Ende, wenn jedes Kärtchen einmal an der Reihe war. Wer die meisten ergattert hat, gewinnt.

B 123

Bilder-Wörter-Labyrinth

- Lege deine grünen Wortkärtchen bereit!
- Spure die Verbindungslinie von jedem Bild zum leeren Kästchen nach!
- Lege das passende Wortkärtchen in das leere Kästchen!

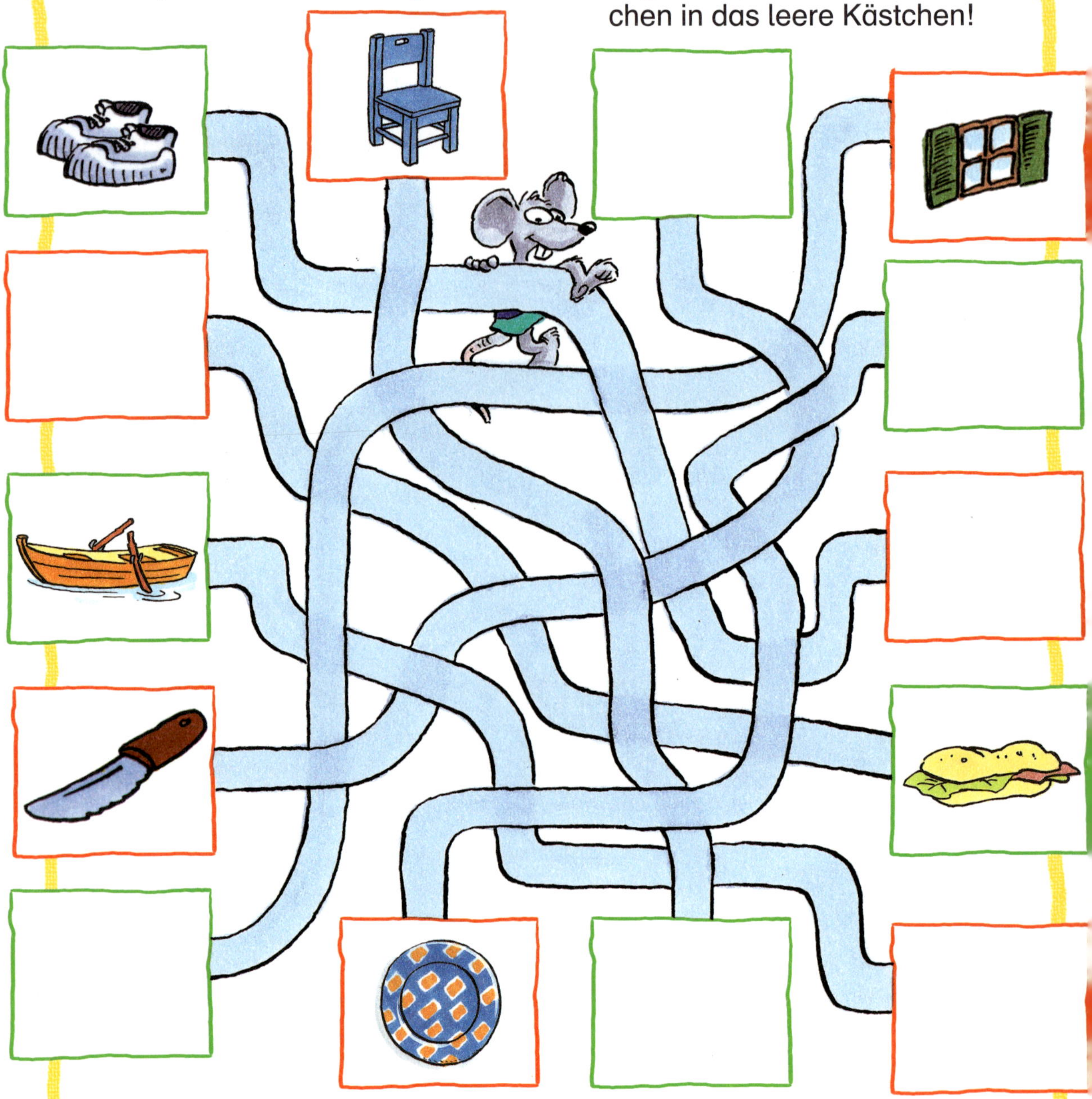

- Lege deine grünen Kärtchen beiseite und trage die Wörter in die grünen Kästchen ein!

Farben

▶ Lege deine roten Bildkärtchen in die richtigen Kästchen!

a red car	a green sofa	a brown chair	a grey plane
black shoes	a pink flower	blue jeans	a white shirt
a blue house	a yellow coat	orange socks	a brown cake

▶ Welche Farben entstehen beim Mischen? Probiere mit Wasserfarbe auf einem anderen Papier aus.

▶ Male die Flecken in den neuen Farben an und trage die passenden Farbwörter ein!

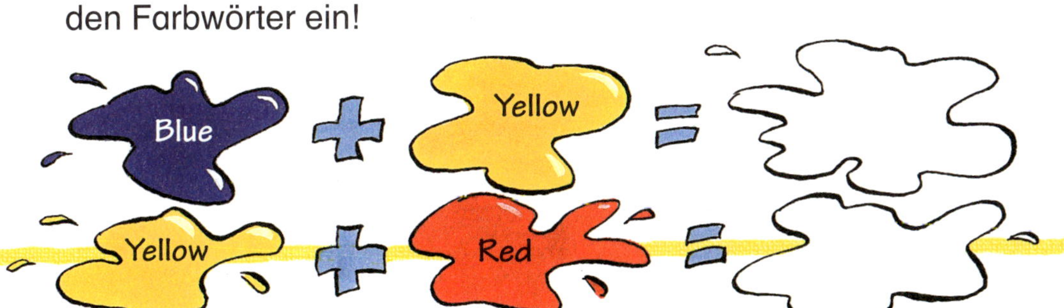

Bingo

- Suche zu allen 16 Bildern die passenden grünen Wortkärtchen heraus und lege sie neben das Heft auf den Tisch!
- Kreuze alle Bilder an, auf denen ein Gegenstand zu sehen ist, dessen Name aus 3 Buchstaben besteht!
- Kreuze dann alle Bilder an, auf denen ein Gegenstand zu sehen ist, dessen Name mit e endet!

Bilder-Wörter-Suchspiel

- Wähle ein beliebiges Bild aus und suche dazu das passende Wort! Kreise dann das Bild und das Wort ein!
- Wenn du das mit allen Bildern gemacht hast, bleibt am Schluss ein Wort übrig. Zeichne das dazu passende Bild in das leere rote Kästchen!

coat

frog

duck

rabbit
mouse
plane

flower
table
bread

fork
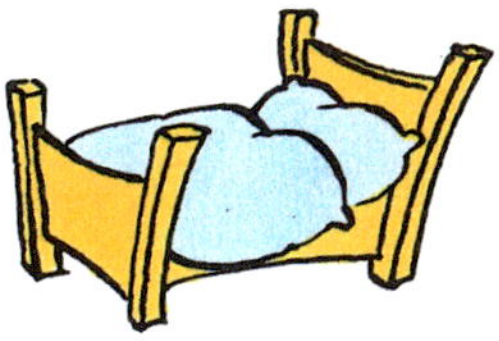
cat
sun
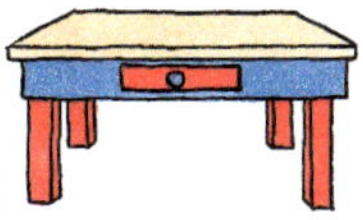

cup
knife

hat
bird

- Deute nacheinander auf jedes Bild und sprich dazu: ”This is a cat. This is a ...“

Billis Kleidung

▶ Verbinde bitte die Wörter mit den passenden Kleidungsstücken!

shirt ○ ○ hat

coat ○ ○ socks

jeans ○ ○ shoes

▶ Trage die Wörter in die leeren Kästchen ein!
▶ Achte auf die Farben!
▶ Lies die Sätze!

Billi sagt:

I	have got	a	red	hat.
		a	blue	
		a	grey	
		blue		
		orange		
		black		

Mimis Kleidung

- Stelle die Buchstaben in den Kästchen so um, dass Wörter entstehen!
- Schreibe die Wörter auf die leeren Zeilen darunter!
- Verbinde dann jedes Wort mit dem passenden Kleidungsstück.

tha	hat
anejs	
ocat	
ishtr	
essho	
ckoss	

Billi sagt:

Mimi has got	a	yellow	hat.
	a	green	
	a	pink	
		red	
		brown	
		blue	

Und was sagt Mimi selbst?
"I have got a yellow hat.
I have got ..."

In Biberbach

Billi und Mimi sind nach Biberbach zum Einkaufen gegangen.

- Schau das Bild genau an!
- Suche zu den Tieren und Dingen mit rotem Punkt die passenden Bildkärtchen heraus und lege sie in die freien Kästchen!

- Suche jetzt zu jeder Bildkarte das passende grüne Wortkärtchen und lege es darauf!
- Lege alle Kärtchen wieder beiseite und trage dafür die Wörter in die Kästchen ein!

Lies genau!

▶ Kreuze bitte neben jedem Bild den passenden Satz an!

○ Billi has got a flower.
○ Mimi has got a sandwich.
○ Billi has got a sandwich.

○ The bike is behind the house.
○ The bike is behind the tree.
○ The tree is behind the bike.

○ The rabbit is in the boat.
○ The rabbit is in the house.
○ The rabbit is in the car.

○ The cat is under the table.
○ The cat is on the table.
○ The cat is on the chair.

▶ Kontrolle: Male die Kreise der Reihe nach in den Farben der angekreuzten Sätze aus!

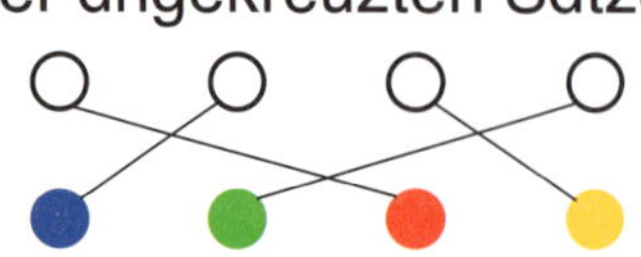

Du hast alles richtig gemacht, wenn jetzt immer 2 gleichfarbige Kreise verbunden sind.

▶ Denke dir zu jedem Bild einen Satz aus!

Die Apfelbaumwörter

- Pflücke die Äpfel der Reihe nach vom Apfelbaum!
- Ordne die Buchstaben von jedem Apfelwort und trage die Wörter ins Rätselgitter ein!

Mimi has got a ______________________

◆ **Zusammenspiel:** Alle grünen Kärtchen werden mit der bedruckten Seite nach unten gestapelt, alle roten Kärtchen ebenfalls. Der erste Spieler dreht jetzt die obersten beiden Karten um und nennt die entsprechenden Wörter. Sind die Wörter ungleich, werden die Karten zur Seite gelegt und der nächste Spieler ist an der Reihe. Es gewinnt, wer zufällig zwei Kärtchen mit den gleichen Begriffen umdreht. Es kann also sein, dass mehrere Durchgänge nötig sind, um einen Sieger zu ermitteln. Natürlich werden die Karten nach jeder Runde neu gemischt.

Wir zählen!

1 one | 2 two | 3 three | 4 four

5 five | 6 six | 7 seven | 8 eight | 9 nine | 10 ten

Wenn du die 5 Fragen richtig beantwortest und die Lösungszahlen in das Rätselgitter einträgst, weißt du auch, wonach Billi sucht.

- ● How many chairs are there?
- ▲ How many ducks are there?
- ■ How many boats are there?
- × How many flowers are there?
- ★ How many trees are there?

Billi is looking for his ______________

Billi sucht nach seinen ______________

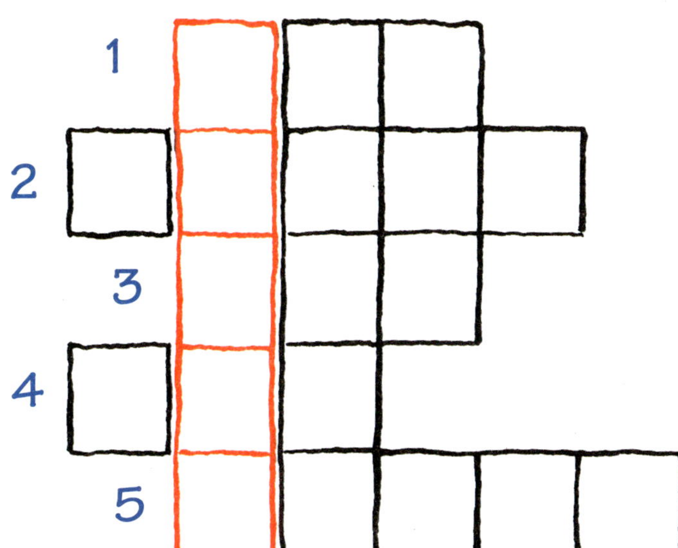

Wörter sortieren!

- Suche alle grünen Wortkärtchen, die aus 3, 4 oder 5 Buchstaben bestehen!
- Staple diese Kärtchen in die passenden grünen Kästchen!
- Suche dir aus jedem Stapel 3 Wörter aus und schreibe sie auf die Zeilen darunter!

Wörter mit 3 Buchstaben 7

Wörter mit 4 Buchstaben 10

Wörter mit 6 oder mehr Buchstaben 4

Wörter mit 5 Buchstaben 13

◆ **Zusammenspiel:** Die grünen Wortkärtchen werden vom Kind immer wieder nach neuen Kriterien sortiert, z.B. nach Anzahl der Buchstaben, nach gleichen Anfangsbuchstaben, nach Silbenzahl, nach gleichen Endbuchstaben usw.

Das Zahlenrätsel

How many cats are there in Billi's bed?

seven four six five

How many cakes are there on the table?

two eight
three four

How many dogs are there on the sofa?

three six
nine two

How many spoons are there in the cup?

four five
six three

How many birds are there on the tree?

four six
eight five

Du kannst gleich selber kontrollieren, ob du alles richtig gemacht hast. Zähle die eingekreisten Zahlen zusammen!
Die Lösungszahl heißt 21 (twenty-one).

○ + ○ + ○ + ○ + ○ + ○ = 21

Die Störenfriede

▶ Streiche in jeder Reihe den Begriff durch, der nicht zu den anderen passt!

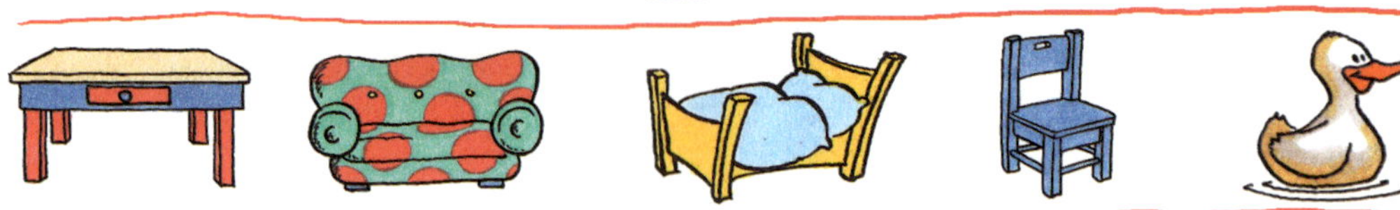

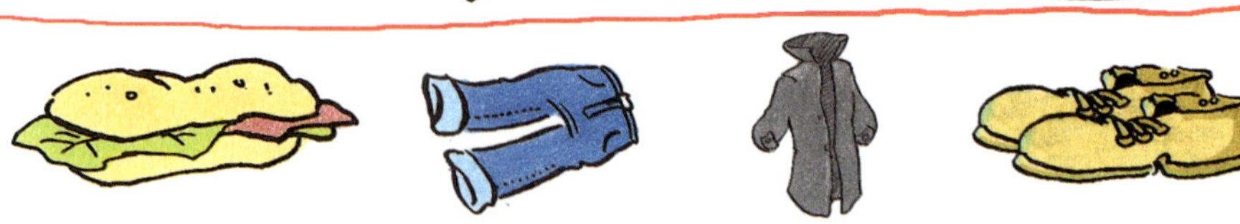

▶ Achtung! Achte auf die Anzahl der Buchstaben in den Namen der Tiere und Dinge!

▶ Achte auf die Anfangsbuchstaben!

◆ **Zusammenspiel:** Alle grünen Wortkärtchen werden auf dem Tisch ausgebreitet. Das Kind erhält den Stapel mit den roten Karten und liest das erste Wort auf dem obersten Kärtchen vor. Jetzt sucht es das gleiche Wort auf einer grünen Karte und deckt diese dann mit dem roten Kärtchen ab. So wird weitergespielt, bis alle grünen Wortkärtchen von roten zugedeckt sind.

Wir reimen!

- Nenne jedes Tier und jeden Gegenstand bei seinem Namen.
- Verbinde dann die Bilder die sich reimen!

- Lege bitte neben jedes Wort ein grünes Wortkärtchen, das sich darauf reimt!

bee		lake	
moon		hair	
rain		shower	

- Lege dann die grünen Kärtchen wieder beiseite und trage die 6 Reimwörter in die leeren grünen Kästchen ein!

Die Wörterrahmen

- Suche bitte zu jedem Bild das passende grüne Wortkärtchen und lege die Wortkärtchen auf die Bilder!
- Suche dann zu jedem Wort den passenden Rahmen und trage die Wörter in die Rahmen ein!

Wir bilden Sätze!

▶ Bringe die Satzteile bitte in die richtige Reihenfolge, sodass Sätze entstehen, die zu den Bildern passen!

1. in the bed. – Billi – is

____

2. has got – Mimi – a black bike.

____

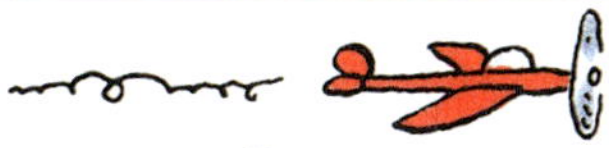

3. a plane. – Emmi – can see

____

4. is in – Rudi – the house.

____

5. a sandwich. – Tom – has got

____

▶ Na, alles richtig gemacht? Dann kontrolliere mit den Farbpunkten!

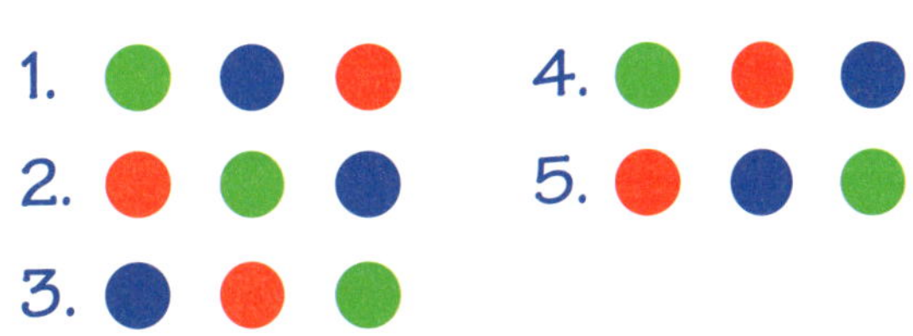

Wie spät ist es?

▶ Ergänze bitte die Zeitangaben.

It is ..four.. o'clock.

It is .... o'clock

It is .... o'clock.

It is .... o'clock.

It is .... o'clock.

It is .... o'clock.

▶ Lese die Sätze und verbinde sie mit den passenden Uhren!

- It's ten o'clock.
- It's nine o'clock.
- It's eight o'clock.
- It's twelve o'clock.

Neue Wörter

Bei diesen englischen Wörtern kannst du dir bestimmt denken, was sie bedeuten.

banana [bəˈnaːnə]

arm [aːm]

elephant [ˈelifənt]

fish [fiʃ]

man [mæn]

hen [hen]

ring [riŋ]

radio [ˈreidiou]

tomato [təˈmaːtou]

hand [hænd]

Kreuzworträtsel

- Lege deine grünen Wortkärtchen bereit.
- Trage die Namen der Tiere und Dinge ins Rätselgitter ein!
- Kontrolliere die Schreibweise der Wörter mit den Kärtchen!

Englisch – Deutsch

Redewendungen

I am ...	[ai æm]	ich bin
It is ...	[it iz]	es ist
What is this?	[wɔt iz ðis]	Was ist dies (das)?
this is ...	[ðis iz]	dies (das) ist ...
Can you see ...?	[kæn juː siː]	Kannst du ... sehen?
Yes, I can.	[jes ai kæn]	Ja, ich kann.
No, I can't (no I can not).	[nou ai kæn nɔt]	Nein, kann ich nicht.
I have got	[ai hæv gɔt]	ich habe
Mimi has got	[ˈmimi hæz gɔt]	Mimi hat
How many?	[hau ˈmeni]	Wie viele?
How many ... are there?	[hau ˈmeni aː ðɛə]	Wie viele ... sind da? (Wie viele ... gibt es?)

Substantive

bed	[bed]	Bett
bike	[baɪk]	Fahrrad
bird	[bɜːd]	Vogel
boat	[bəʊt]	Boot
bread	[bred]	Brot
cake	[keɪk]	Kuchen
car	[kaːʳ]	Auto
cat	[kæt]	Katze
chair	[tʃɛəʳ]	Stuhl
coat	[kəʊt]	Mantel
cup	[kʌp]	Tasse
dog	[dɒg]	Hund
duck	[dʌk]	Ente
flower	[ˈflaʊəʳ]	Blume
fork	[fɒːk]	Gabel
frog	[frɒg]	Frosch
hat	[hæt]	Hut

house	[haʊs]	Haus
jeans	[dʒiːnz]	Jeans
knife	[naɪf]	Messer
mouse	[maʊs]	Maus
plane	[pleɪn]	Flugzeug
plate	[pleɪt]	Teller
rabbit	[ˈræbɪt]	Hase
sandwich	[ˈsænwɪdʒ]	belegtes Weißbrot
shirt	[ʃɜːt]	Hemd
shoes	[ʃuːz]	Schuhe
socks	[sɒks]	Socken
sofa	[ˈsəʊfə]	Sofa
spoon	[spuːn]	Löffel
sun	[sʌn]	Sonne
table	[ˈteɪbl]	Tisch
tree	[triː]	Baum
window	[ˈwɪndəʊ]	Fenster

Lösungen

Seite 8
Giraffe

Seite 9
übrig bleiben: N O R S U Q X Y

Seite 10/11
Der Vogel müsste am Ende der Schlange stehen.
Lösungswort: GUT GEMACHT

Seite 12
1. Spalte: D, A, E, C, T, U
2. Spalte: Q, N, R, M, B, I
3. Spalte: V, P, F, J, K, H
4. Spalte: W, O, L, Z, G, S

Seite 13
Im mittleren Sack stecken alle Buchstaben.

Seite 14
Fehlende Buchstaben:
D, E, H, I, K, L, N, O, R, U, W, X, Z

Seite 15
Fehlende Buchstaben:
D, E, F, H, I, J, L, M, O, P, Q, T, U, V, W, X, Y, Z
1. Reihe: Mm, Rr, Hh
2. Reihe: Zz, Gg, Dd, Aa
Fehlende Kleinbuchstaben:
b, c, e, g, h, j, k, m, n, p, r, t, v, w, x, y, z

Seite 17
Lösungswort: ZITRONENEIS

Seite 18/19
Biber - Computer, Giraffe - Teddy, Bär - Flugzeug, Frosch - Bonbon, Hase - Lastwagen, Ente - Salami, Maus - Obstkorb

Seite 20
Lösungswörter: Stein, Pferd

Seite 22
Fehlende Buchstaben: R o s a

Seite 23
Kleidungsstücke in richtiger Reihenfolge:
Bluse (1), Hose (2), Jacke (3), Kleid (4), Mantel (5), Rock (6), Socken (7)
Die mittlere Zahlenreihe ist richtig.

Seite 24
Lösungswörter: AST, OHR, EIS, UHR, TON, MUT, SKI

Seite 25
1: K, 2: S, 3: Z, 4: R
Lösungswort: Zirkus

Seite 27
Lösungswort: SUPER

Seite 28
Lösungswort: Wunderbar

Seite 29
Alphabetische Reihenfolge:
Fritz, Hoppel, Luise, Rudi, Trudl, Uli, Valentina, Willi
Zwillingshasen: Uli, Valentina

Seite 30
Linke Spalte: EIS, AUTO, IST, NEU
Mittlere Spalte: NEST, AST, STAU, BAUEN
Rechte Spalte: BEIN, BIEST, NIE

Seite 31
Birne, Beispiele: Besen, Banane
Knopf, Beispiele: Knie, Knochen
Sattel, Beispiele: Saft, Salat

Seite 32
Piraten: Lexikon 3
Käse: Lexikon 2
Bienen: Lexikon 1

Seite 33
Linke Spalte:
Telefon 4, Eskimo 1, Vulkan 4, Finnland 1, Spinne 3, Benzin 1, Pyramiden 3, Island 2
Rechte Spalte:
Vampir 4, Geysir 2, Dinosaurier 1, Mozart 3, Kängurus 2, Schildkröte 3, Mississippi 3

Seite 35
Lösungswort: Biberbach

Seite 40
Linke Spalte: Mitte, rechts, Mitte, rechts
Rechte Spalte: links, Mitte, Zahlen 3 5 6

Seite 41
Das Wort Grün ist in der richtigen Farbe.
Die Farbe Gelb bleibt übrig.

Seite 42
Lösungswort: SUPER

Seite 43
Es fehlen:
Schneemann, 2 Kerzen, Leiter, Gießkanne, Angel, Igel

Seite 44
Lesekärtchen:
Brille, Hose, Mütze, Schuhe, Ball
Der Wecker fehlt.

Seite 45
Billi Biber besucht den Frosch.

Seite 46
Haus, Baum, Mütze, Bus, Nest

Seite 47
Linke Spalte: auf, im, im
Mittlere Spalte: unter, neben, auf
Rechte Spalte: hinter, unter, auf

Seite 48
Lösungswort: Uhr

Seite 49
Linke Spalte: Hut, Apfel, Ente, Brille
Rechte Spalte: Hund, Bank, Eis, Frosch

Seite 50
Frosch, Fenster, Blume, Anorak, Sonne, Brille

Seite 51
Birne, Vogel, Apfel, Frosch, Anorak

Seite 52/53
Auto, Bank, Ball, Brille, Fenster, Igel, Hut
Sonne, Apfel, Vogel, Ast

Seite 54
Neue Wörter:
Katze, Fisch, Tasse, Gabel

Seite 55
Ente, Sonne, Apfel, Mond, Wolke, Hut, Fenster

Seite 57
Billi Biber, Hase, Igel, Vogel, Frosch, Tisch, Apfelbaum, Kuchen
Das mittlere Bild stimmt mit dem Text überein.

Seite 58
Eingetragene Wörter:
Ente, Fenster, Eis, Banane, Auto, Hund

Seite 60
Zug, Eis, Kuh, Ast, Haus, Mond, Brille, Frosch, Schuhe, Auge, Bild, Blatt, Finger, Wald, Mutter, Buch, zehn, acht

Seite 61
Linke Spalte: ja, ja, nein, ja
Rechte Spalte: nein, ja, nein

Seite 63
Anorak, Srumpfhose, Stiefel, Handschuhe, Mütze, Unterhemd, Schal, Pullover

Lesekärtchen:
Hut, Hose, Mütze, Schuhe, Anorak

Seite 65
Billi Biber fährt im Auto.
Das Schwein spielt im Schlamm.
Der Frosch schaut aus dem Fenster.
Billi Biber isst ein Eis.

Seite 70
Ergebnisse: 11, 10, 4, 8, 9, 5, 12, 7
Du siehst eine Ente.

Seite 72
Gewinner: Rosa Schwein

Seite 76
Linke Spalte: >, <, >
Rechte Spalte: <, >, <

Seite 77
Dominosteine
Linke Spalte: >, <, >
Mittlere Spalte: <, <, <
Rechte Spalte: >, >, <

Kärtchen
Linke Spalte: <, <, >, >
Rechte Spalte: >, <, <, >

Seite 80
Linke Spalte: 8 - 3 = 5, 9 - 1 = 8, 7 - 2 = 5
Rechte Spalte: 3 - 1 = 2, 7 - 3 = 4, 8 - 2 = 6
5 - 3 = 2

Seite 81
Linke Spalte:
5 - 3 = 2, 9 - 3 = 6, 8 - 3 = 5, 2 - 1 = 1
Mittlere Spalte:
6 - 5 = 1, 4 - 2 = 2, 9 - 1 = 8, 7 - 2 = 5
Rechte Spalte:
7 - 3 = 4, 5 - 4 = 1, 3 - 1 = 2, 3 - 2 = 1

Seite 85
Beispiele:
Linke Spalte: 2 + 9 = 11, 7 + 2 = 9, 6 + 8 = 14
Rechte Spalte: 5 - 3 = 2, 9 - 3 = 6, 3 - 2 = 1

Seite 86/87
Fehlende gerade Zahlen: 8, 12
Fehlende ungerade Zahlen: 5, 9, 11

Seite 88
6, 2, 5

Seite 90/91
Birnen: 20 - 9 = 11
Melonen: 20 - 14 = 6
Paprika: 20 - 10 = 10
Gurken: 20 - 11 = 9

am meisten verkauft: Melonen
am wenigsten verkauft: Birnen

Fehlende Zahlen in den Rechenaufgaben:
Linke Spalte: 12, 19, 3
Mittlere Spalte: 6, 5, 9, 18
Rechte Spalte: 13, 4, 5, 0

Seite 97
Lösungsatz: It is a monster.

Seite 98/99
chair, spoon, window, flower, table, house

Seite 103
Farbwörter: green, orange

Seite 104
Wörter mit 3 Buchstaben: hat, cup, sun, bed, car
Wörter, die mit e enden: plane, knife, house, cake, bike

Seite 105
Das Wort flower bleibt übrig.

Seite 106
red shirt, brown coat, blue jeans, blue hat, grey socks, black shoes

Seite 107
green shirt, pink coat, red socks, brown shoes, blue jeans

Seite 108/109
rabbit, window, car, shoes, house, bike, boat, tree, sun, plane, sofa, shirt, hat, cake, bread, dog

Seite 111
Lösungswort: sandwich

Seite 112/113
six chairs, three ducks, one boat, ten flowers, seven trees
Lösungswort: shoes (Schuhe)

Seite 115
cat: four, cake: three, dog: six, spoon: three, bird: five

Seite 116
sofa, duck, sandwich, knife, flower, plate

Seite 117
coat - boat, house - mouse, dog - frog, cat - hat
Wortkärtchen: bee - tree, moon - spoon, rain - plane, lake - cake, hair - chair, shower - flower

Seite 118
Wortrahmen links: plate, tree, shirt, table, spoon
Wortrahmen rechts: bread, fork, knife, bed

Seite 120
2: nine, 3: three, 4: six, 5: one, 6: seven
Links: twelve, eight
Rechts: nine, ten

Ab 5 Jahren
Erste Zahlen
Farben Formen
Erste Buchstaben
Mit Bastelbogen zum Ausschneiden
Spielerisch lernen mit Billi Biber
für die Vorschule
AJV
AXEL JUNCKER VERLAG